Inhaltsverzeichnis

Vorwort

Liebe Lehrerinnen und Lehrer,

der 15-jährige Felix bekommt von seiner Oma ein rotes Buch geschenkt, das er fortan als Tagebuch benutzt. Er lebt in einem sozialen Brennpunkt einer Großstadt, die Mutter ist arbeitslos, der Vater verliert seinen Job und die Großmutter ist alkoholabhängig. „Block 77" handelt also von einem Jungen, mit dem es das Schicksal nicht besonders gut meint, der aber trotzdem voller Hoffnung ist, dass er es einmal besser haben wird als seine Eltern – doch diese Hoffnung schwindet immer mehr.
Es ist ein sehr bewegendes Buch, man hofft bis zuletzt auf eine Wende, doch die Abwärtsspirale dreht sich unerbittlich.

Bei mehr als 2,5 Millionen Kindern, die in Deutschland in Armut leben, ist die Situation im Buch keineswegs weit hergeholt, sondern leider für viele Menschen Realität. Falls in Ihrer Klasse Schülerinnen oder Schüler sind, die in solchen Umständen leben, muss ihnen in besonderer Weise vermittelt werden, welche Hilfen es für sie gibt – Hilfen, die Felix nicht erhalten hat. Solche Jugendliche sollten keinesfalls mit dem Inhalt des Buches alleingelassen werden, da die Gefahr besteht, dass sie das Gefühl gewinnen, auch ihnen könnte nicht geholfen werden. Stattdessen kann man in der Klasse viele Diskussionen anregen und vielleicht auch auf diese Weise für Hilfestellungen der betroffenen Schülerinnen und Schüler sorgen – natürlich muss aber stets darauf geachtet werden, dass niemand „vorgeführt" wird.

Leider ist es heutzutage oftmals immer schwieriger, Jugendliche zum Lesen zu animieren. Umso wichtiger ist es, ein Buch zu finden, das sie anspricht. Mit „Block 77" gelingt es sicherlich, Ihren Schülerinnen und Schülern das Lesen näherzubringen. Neben den aktuellen Themen dürfte die Tatsache, dass das Buch von einer zu der Zeit gerade einmal 15-Jährigen geschrieben wurde einen besonderen Anreiz bieten.

Das vorliegende Literaturprojekt bietet lesebegleitende Arbeitsblätter, mit denen Sie die Lektüre im Unterricht kapitelweise bearbeiten können. Neben typischen Literaturaufgaben und Interpretationsansätzen werden Themen behandelt, die fächerübergreifend zu bearbeiten sind. Diese Themen (z. B. Alkoholabhängigkeit, Arbeitslosigkeit, Gewalt) sollten nach Beendigung der Lektüre in Angriff genommen werden.
Die Schülerinnen und Schüler sollen angeregt werden, sich sowohl mit dem Inhalt des Buches als auch mit sich selbst auseinanderzusetzen und sich zu fragen, wie sie wohl in Felix' Situation gehandelt hätten.

Ich wünsche Ihnen und Ihren Schülerinnen und Schülern eine spannende Lektüre und viel Erfolg bei der Arbeit mit diesem Material!

Ihre
Ilka Bonten

Vor der Lektüre

Als Erstes nimmt man von einem Buch den Einband, d. h. Titel, Titelbild und Klappentext, wahr. Vielleicht erregt er unsere Aufmerksamkeit, macht uns neugierig (oder auch das Gegenteil), lässt erste Vermutungen über den Inhalt zu, wirft Fragen auf.

Aufgaben

1. Was erwartest du von dem Buch „Block 77", wenn du den Titel liest? Worum könnte es in dem Buch gehen? Schreibe kurz auf.

2. Betrachte anschließend das Bild auf dem Einband. Beschreibe es kurz und überlege, warum es wohl gewählt wurde. Schreibe deine Vermutungen auf.

3. Bestätigt der Klappentext deine Vermutungen? Oder hast du einen anderen Inhalt erwartet?

4. Macht dich der Einband des Buches neugierig? Begründe deine Antwort.

Romantagebuch

Führe beim Lesen des Romans ein sogenanntes Romantagebuch (siehe Methoden-Box), es wird auch Lesetagebuch genannt. Dazu bietet sich das folgende Muster an:

Seite	Ort und Zeit	Kurze Beschreibung der Handlung	Figuren-Charakterisierung	Besonderheiten	Eigene Gedanken, Beobachtungen, Ideen, Fragen

Methoden-Box

Roman- oder Lesetagebuch

Um den Verlauf der Handlung zu dokumentieren und das Geschehen jederzeit nachvollziehen zu können, um die handelnden Personen kurz vorzustellen, wichtige Gedanken zu einzelnen Szenen, Aussagen etc. des Romans festzuhalten, bietet sich die Führung eines Lesetagebuches an. Dabei wird – sinnvollerweise kapitelweise bzw. von der ersten bis zur letzten Seite – das Wichtigste des Geschehens notiert. Auftauchende Personen werden genannt und kurz charakterisiert. Sinnvoll ist es auch, Handlungsorte, Zeitzusammenhänge, Rückblenden etc. zu vermerken. Außerdem können eigene Gedanken zum Gelesenen aufgeschrieben werden.

Juli

In diesem Kapitel stellt sich der Ich-Erzähler kurz vor. Er berichtet von seinem Leben, seiner Familie und seinen Träumen.

Aufgaben

1. Was erfährt man im ersten Kapitel über den Ich-Erzähler Felix? Notiere dir Stichpunkte und erstelle eine Übersicht aller auftretenden bzw. genannten Figuren. Markiere die sogenannten Hauptfiguren und erläutere, warum sie zu den Hauptpersonen zählen.

2. Erstelle ein „Beziehungsgeflecht" mit den Menschen, die in Felix' Leben wichtig sind. Bilde dazu alle betreffenden Figuren auf einem Blatt ab und verbinde sie mit Linien. Schreibe an die Linien die Art der Beziehung (z. B. Verwandtschaftsgrad, Freund / Freundin ...). Erweitere das Beziehungsgeflecht im Laufe des Romans und notiere auch, wenn Personen keine Rolle mehr spielen.

3. Welchen Beruf möchte Felix später einmal ergreifen? Glaubst du, dass er seinen Traumberuf wirklich ausüben wird? Begründe deine Einschätzung.

4. Weißt du schon, was du einmal werden möchtest? Nenne deinen Wunschberuf und erläutere, warum du diesen Beruf ausüben möchtest. Welche Voraussetzungen musst du dafür erfüllen?

5. Felix berichtet, dass er in einem sozialen Brennpunkt lebt. Informiere dich über diesen Begriff im Internet. Gibt es solche Brennpunkte auch in deiner eigenen Stadt? Welche Maßnahmen könnten dagegen ergriffen werden? Könnte das Buch auch in deiner Heimatstadt spielen? Tausche dich mit einem Partner dazu aus.

6. Von seinen Lehrern hat Felix keine besonders gute Meinung. Schreibe Textstellen auf, die das belegen.

7. Was ist mit deinen eigenen Lehrern? Sind sie für dich Vorbilder? Wer ist (sonst noch) ein Vorbild für dich? Stelle diese Person / Personen vor. Schreibe einen Text, in dem du deine Wahl auch begründest.

8. Als Felix nach Hause kommt, platzt er in einen Streit seiner Eltern. Zunächst will ihm die Mutter nicht sagen, worum es geht, aber sein Vater berichtet, dass er seine Arbeit verloren hat. Auf Felix' Nachfrage erfährt er jedoch, dass dies nicht der wahre Grund für den Streit war. Dieser wird auch nicht genannt. Stelle Vermutungen auf, worum es in dem Streit zwischen den Eltern gegangen sein könnte und besprich dich mit einem Partner.

9. Felix sagt: „Ich habe das Recht zu erfahren, worum es in eurem Streit ging." (Block 77, S. 24) Siehst du das auch so? Oder haben umgekehrt Eltern nicht auch das Recht, Gründe für einen Streit vor ihren Kindern zu verheimlichen (z. B. um sie zu schützen)? Diskutiert darüber in der Klasse und haltet eure Ergebnisse schriftlich fest.

August

S. 25–28

Felix bereitet seinen Klassenvortrag zum Thema „Ureinwohner Australiens" vor. Doch seine Klassenkameraden sind wenig interessiert.

Aufgaben

1. „Das Leben ist zu kurz, um sich nur eine Sekunde zu langweilen ..." (Block 77, S. 25): Wie stehst du zu diesem Satz? Bist du der gleichen Meinung? Mache dir Gedanken dazu und gestalte anschließend ein passendes Plakat. Du kannst eine Collage anfertigen, ein Bild malen, ein Gedicht schreiben oder, oder, oder.

2. Statt seine Zeit sinnvoll zu nutzen, schaut Felix eine Castingshow im Fernsehen, obwohl er solche Shows hasst. Er schreibt: „Der Sender weiß, wie man die Bevölkerung vor dem Fernseher hält. So gesehen sind die Macher intelligent genug, ihren Schrott zu verkaufen ..." (Block 77, S. 26). Siehst du das auch so? Notiere dir einige Stichpunkte (pro und kontra). Beachte auch die Frage, was sich die Kandidaten von der Teilnahme an einer solchen Show versprechen. Werden sie evtl. auch „benutzt"?

3. Führt in der Klasse ein Karussellgespräch (siehe Methoden-Box) durch. Nutzt dazu eure Notizen aus Aufgabe 2.

4. Im Zusammenhang mit seinem Vortrag zum Thema „Aborigines" geht Felix auf seine Mitschüler und auf seinen Lehrer ein. Erstelle ein Schaubild zu den genannten Personen, in dem du auch ihre „Eigenschaften" benennst.

Methoden-Box

Karussellgespräch

Bildet zwei Stuhlkreise. Einer der Kreise bildet den Innenkreis, die Schüler setzen sich mit Blickrichtung nach außen. Der Außenkreis ist dem Innenkreis genau gegenüber. Die Schüler im Innenkreis übernehmen die Pro-Argumentation, die im Außenkreis die Kontra-Argumentation (oder umgekehrt). Nun wird die zu diskutierende Frage formuliert und möglichst die Dauer einer Diskussionsrunde festgelegt (z. B. eine Minute). Die sich jeweils gegenübersitzenden Schüler diskutieren die Themenfrage aus ihrer Argumentationsaufgabe (Pro und Kontra) heraus. Beide schreiben die wichtigsten Argumente (ihre eigenen und die ihrer Gesprächspartner) stichwortartig auf. Nach Ablauf der Diskussionszeit rücken die Schüler des Außenrings um einen Platz im Uhrzeigersinn weiter. Es beginnt eine neue Diskussionsrunde. Beim nächsten Platzwechsel kann man die Schüler des Außenkreises zwei oder drei Plätze weiterrücken lassen. Es ist sinnvoll, mindestens fünf, sechs oder auch mehr Diskussionsrunden durchführen zu lassen. Nach Beendigung des „Karussells" werden die notierten Argumente vorgetragen und besprochen.

September

S. 29–33

Di
Mi
Fr

Felix berichtet von einem Treffen mit seinem Freund Marek. Man erhält einen Einblick in die Freundschaft zwischen den beiden.

Aufgaben

1. Felix erwähnt in diesem Kapitel drei Bücher: ein Wörterbuch, den ersten Band von „Harry Potter" und „Momo". Kennst du die beiden letztgenannten? Sammle Informationen und schreibe zu einem der beiden Bücher einen kurzen Steckbrief (siehe unten).

2. Kannst du dir vorstellen, warum Felix ausgerechnet diese beiden Bücher neben seinem Bett liegen hat? Beachte dazu die Erkenntnisse aus Aufgabe 1 und den Satz aus dem vorigen Kapitel: „Das Leben ist zu kurz, um sich nur eine Sekunde zu langweilen ..." (Block 77, S. 25).

3. Felix geht hier genauer auf seinen „besten und einzigen Freund" Marek und ihre Freundschaft ein. Suche Textstellen heraus, die die Freundschaft zwischen Marek und Felix beschreiben und charakterisiere diese Freundschaft. Wie stark ist die Beziehung zwischen den beiden? Was für einen Eindruck gewinnt man? Ergänze die Liste mit Belegen sowie die Charakterisierung im Laufe der weiteren Lektüre.

4. Victoria, Felix' Schwarm, beginnt ein Gespräch mit Felix. Er kann sein Glück kaum fassen und will sich diesen Tag in den (nicht vorhandenen) Kalender eintragen. Wie bewertest du das Gespräch? Kommen sich Felix und Victoria näher? Oder hat Victoria wirklich nur Interesse an Felix' Vortrag? Schreibe deine Meinung auf und tausche dich anschließend mit einem Partner aus.

Steckbrief zum Buch

Titel des Buches: ______________________________

Autor / -in: ______________________________

Verlag: ______________________________

Erscheinungsjahr: ______________________________

Seitenzahl: ______________________________

Wichtige Personen: ______________________________

Inhaltsangabe: ______________________________

____

____

____

Oktober S. 34 – 43

Felix' Oma taucht auf – mit geklautem Geld. Dennoch scheint es ein gutes Ende zu nehmen, bis Felix unbeabsichtigt eine Grenze übertritt.

Aufgaben

1. Felix' Vater ist auf der Suche nach einem neuen Job – erfolglos. Denkst du, dass er Chancen hat, eine neue Stelle zu finden? Was könnte er noch tun, außer Supermärkte abzuklappern? Sammle Ideen und stelle mit einem Partner einen Plan auf, welche Schritte zu unternehmen sind.

2. Felix' Oma hat in einem Café Geld gestohlen. Ihre „Rechtfertigung" lautet, dass die Kellnerin doof sei. Für Felix' Familie sind 50 Euro sehr viel Geld. Dennoch will der Vater das Geld zurückgeben, im Gegensatz zu der Mutter. Versetze dich einmal in die Lage der Familie und überlege, was du tun würdest. Schreibe einen inneren Monolog (siehe Methoden-Box) aus Sicht eines Familienmitglieds.

3. Felix bemerkt: „Vater hat seinen Stolz, noch." (Block 77, S. 38) Wie ist diese Aussage zu verstehen? Was könnte damit gemeint sein? Könnte dies schon ein Verweis auf das weitere Geschehen sein?

4. Zwei Tage nach dem Diebstahl besucht Felix seine Oma. Zunächst läuft alles gut und Felix ist selbst erstaunt, wie freundlich seine Oma klingt. Doch im Verlauf des Gesprächs kippt die Stimmung. Beschreibe, was passiert und was der Grund dafür ist. Bedenke dabei auch, was Felix zu Beginn des Buches über seine Oma und ihre Liebe zu seinem Opa erzählt hat.

5. Ein wiederkehrender Ausdruck der Oma lautet: „rot wie Blut … Blut ist nicht gut …" (Block 77, S. 42). Was könnte damit gemeint sein? Bespriech dich mit einem Partner und stellt euer Ergebnis der Klasse vor.

Methoden-Box

Innerer Monolog

Der innere Monolog ist eine Innensicht aus der Perspektive einer Figur, in der (äußere) Ereignisse in Form innerer Gedanken und Gefühle dargestellt werden. Folgende Punkte müssen beachtet werden:

- Ich-Form, 1. (ggf. auch 2.) Person Indikativ Präsens
- Figur spricht sich selbst direkt an
- man versetzt sich in die Figur hinein und gibt deren Gedanken, Gefühle und Wahrnehmungen wieder
- Gedanken werden so ausgedrückt, wie sie einfallen; sie sind daher häufig unsortiert und in willkürlicher Reihenfolge
- der Satzbau entspricht dem Nachdenken und ist entsprechend kurz und eventuell unvollständig

November

Ein Basketballspiel führt zu einem Knacks in der Freundschaft zwischen Felix und Marek.

Aufgaben

1. In der Schule muss Felix einen Aufsatz schreiben, Anlass ist ein Text über Christoph Kolumbus. Felix beneidet Kolumbus um seine Reisen und schreibt, wohin er reisen würde, was er sehen und erleben möchte. Wie sieht das bei dir aus? Wohin möchtest du einmal reisen? Was magst du erleben? Schreibe einen Aufsatz dazu und stelle ihn in der Klasse vor. Sammelt eure Texte anschließend und stellt sie in einer Mappe oder in Form einer Wandzeitung zusammen. Außerdem könnt ihr auf einer Weltkarte mit Fähnchen eure Wunschziele kennzeichnen.

2. Felix möchte am Abend noch etwas nach draußen, seine Mutter ist dagegen. Lies noch einmal S. 47, Z. 1 – 8 und charakterisiere anhand dieser Stelle die Mutter von Felix. Berücksichtige dabei auch andere Stellen, in denen die Mutter vorkommt. Was für ein Bild gewinnt man von ihr?

3. Als Felix sich mit Marek trifft, schlägt er vor, Basketball zu spielen. Da die beiden keinen Ball haben, müssten sie bei den anderen Jungen mitspielen. Marek fragt gar nicht erst, sondern stellt einfach fest: „Wir spielen mit." (Block 77, S. 48) Auch im Laufe des Spiels ist er kompromisslos und foult schließlich einen Jungen so stark, dass dieser verletzt am Boden liegen bleibt. Wie ändert sich an dieser Stelle das Bild von Marek, das man bisher von ihm gewonnen hat? Lies dazu noch einmal im Buch die Stellen, in denen Marek vorkommt bzw. in denen Felix über Marek spricht. Schreibe in die beiden Figuren unten alle Eigenschaften, die man Marek zuschreiben kann. Sortiere sie in positiv und negativ. Ist alles eindeutig zuzuordnen?

4. Felix ist mit Mareks Verhalten nicht einverstanden und es kommt zum Streit. Suche dir einen Partner. Einer von euch spielt Felix, der andere Marek. Führt das Streitgespräch weiter und erläutert eure Positionen. Ist das jeweilige Verhalten nachvollziehbar? Kommt ihr zu einer Einigung oder geht ihr weiterhin im Streit auseinander? Tauscht eure Rollen und spielt das Streitgespräch ein zweites Mal durch.

Dezember / Silvester S. 52–56

Weihnachten ohne Geld, ohne Baum, ohne Essen, ohne Stimmung. Doch Silvester war ein guter Abend.

Aufgaben

1. Weihnachten steht vor der Tür und sowohl Felix als auch seine Eltern stehen vor der Frage: Was kann man schenken – noch dazu ohne Geld? Felix kommt schließlich zu dem Schluss, dass er seinen Eltern etwas malen muss, wenn er etwas verschenken will. Müssen Geschenke immer etwas kosten? Kommt es nicht vielmehr auf die Geste an? Führe mit einem Partner ein stummes Schreibgespräch (siehe Methoden-Box) zu diesem Thema. Notiert dabei auch Ideen, was man verschenken kann, wenn man kein Geld hat.

2. Felix stellt fest: „Weihnachten hätte nicht kommen sollen." (Block 77, S. 54) In der Tat klingt Felix' Beschreibung sehr trostlos. Wie verbringst du Weihnachten? Gibt es in deiner Familie feste Abläufe, ein bestimmtes Weihnachtsessen …? Schreibe einen kurzen Text zum Thema „Weihnachten in meiner Familie". Tauscht euch anschließend in der Klasse darüber aus und vergleicht die Abläufe. Wo gibt es Gemeinsamkeiten, wo Unterschiede?

3. In der Silvesternacht läuft es für Felix besser: Seine Oma ist erstaunlich nüchtern, es gibt wie jedes Jahr Kartoffelsalat und Würstchen und die Familie ist beisammen. Aber ist wirklich alles in Ordnung? Lies noch einmal, wie die Mutter auf die Umarmung des Vaters reagiert (vgl. Block 77, S. 55) und versuche zu deuten, warum sie wohl so reagiert.

4. Silvester gibt es in vielen Familien ein bestimmtes Essen, so auch bei Felix. Habt ihr zu Hause auch feste Rituale und ein festgelegtes Essen?

5. Zu Beginn eines neuen Jahres fassen viele Menschen gute Vorsätze, es werden aber auch Wünsche für die Zukunft formuliert. Was glaubst du, was sich Felix für das neue Jahr wünscht? Oder seine Eltern, seine Oma? Formuliere für jeden von ihnen drei Wünsche. Stelle anschließend deine eigenen Wünsche zusammen. Wenn du es nicht möchtest, musst du deine persönlichen Wünsche niemand anderem mitteilen.

Methoden-Box

Stummes Schreibgespräch

Als Kommunikationsmittel dient bei dieser Methode ein DIN-A4-Blatt. Derjenige, der anfängt, schreibt einen Gedanken zu einem vorgegebenen Thema auf und schiebt das Blatt dann zum Partner herüber. Dieser kann den Gedanken kommentieren oder eine neue Idee aufschreiben. Auf diese Art geht es immer hin und her und ihr tauscht euch aus. Das stumme Schreibgespräch ist zu Ende, wenn ihr keine weiteren Ideen mehr habt oder aber die vorgegebene Zeit vorbei ist. Wenn in eurer Klasse mehrere Gespräche in dieser Art geführt wurden, könnt ihr euch schließlich austauschen. **Achtung:** Stumm bedeutet, dass nicht gesprochen wird!

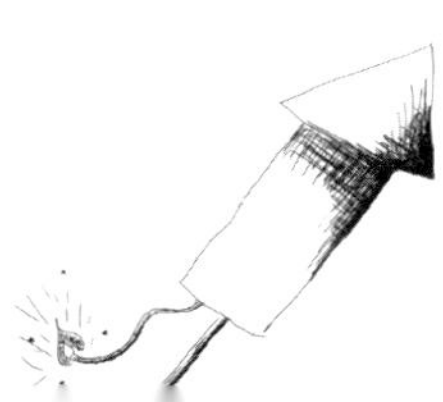

zehn – neun – acht –
sieben – sechs – fünf – vier –
drei – zwei – eins

Felix wird verprügelt und kommt ins Krankenhaus.

Aufgaben

1. Löse das Kreuzworträtsel.
   a) In welchem Monat wird Felix zusammengeschlagen?
   b) Die „Buschmänner", auf deren Namen Justin nicht kommt, heißen …
   c) Marek wird von Justin als schlechter … bezeichnet.
   d) Aufgrund der Schläge verliert Felix sein …
   e) … kommt Felix zu Hilfe.
   f) Felix erwacht schließlich in einem großen …
   g) Er muss zur Beobachtung im Krankenhaus bleiben, da seine … reißen könnte.
   h) Ironisch bezeichnet Felix den Start ins neue Jahr als …
   i) Felix' Bettnachbar heißt …
   j) Felix' Vater wartet in der …
   k) Justin und … grinsen Felix fies an, als er wieder in die Klasse kommt.

2. Wäre es als Freund nicht Mareks Aufgabe gewesen, Felix zu helfen – d. h. ihn aus der Situation herauszuholen, statt sich selbst zu prügeln? Warum kommt Jacob Felix wohl zu Hilfe?
3. Bist du selbst auch schon einmal in so eine Situation geraten? Oder hast du eine Prügelei beobachtet? Wie hast du dich verhalten? Erstellt in der Klasse Verhaltensregeln, wie man sich in Streitsituationen am besten verhält und was man unternehmen sollte. Fasst eure Ergebnisse auf einem Plakat zusammen, das ihr in die Klasse hängt.
4. Felix liest seinem Bettnachbarn einen Abschnitt aus seinem Tagebuch vor (vgl. Block 77, S. 74). Empfindest du diese Stelle auch als traurig? Begründe deine Meinung.
5. Als Felix wieder in die Schule kommt, wird er von Marvin und Justin fies angegrinst. Denkst du, auf die beiden wartet noch eine Strafe? Begründe deine Meinung.

Februar

S. 78–79

Di Mi Fr

Felix spricht zum ersten Mal seit der Prügelei wieder mit Marek. Eine merkwürdige Situation …

Aufgaben

1. Seit längerer Zeit sprechen Felix und Marek wieder miteinander. Felix hatte zuvor den Eindruck, dass Marek sauer auf ihn sei. Wie könnte man Mareks Verhalten sonst noch deuten? Was für eine Erklärung könnte dahinterstecken?

2. Felix lädt Marek zu seinem Geburtstag im nächsten Monat ein. Wie reagiert Marek auf die Einladung? Wie würdest du diese Episode in Bezug auf die Freundschaft der beiden interpretieren?

3. Felix hofft zu seinem Geburtstag auf einen Kuchen. Doch Marek nimmt ihm diese Hoffnung sofort. Ist das fair? Sollte ein Freund nicht eher Mut zusprechen? Diskutiert darüber in der Klasse.

4. Suche dir einen Partner. Stellt die Situation auf dem Dach nach und führt das Gespräch weiter. Beachtet dazu eure Ergebnisse aus den beiden vorigen Aufgaben und überlegt euch, wie ihr reagieren würdet, wenn ihr an Felix' Stelle wärt.

März

S. 80–81

Di Mi Fr

Felix' Geburtstag ist da – mit Streit der Eltern und ohne Kuchen.

Aufgaben

1. Felix' Geburtstag beginnt mit einem erneuten Streit der Eltern. Als sie ihn sehen, hören sie aber sofort auf. Dennoch bekommt er ein paar Gesprächsfetzen mit. Was denkst du, worum es in dem Streit gegangen sein könnte? Stelle Vermutungen auf und tausche dich mit einem Partner aus.

2. Felix und seine Eltern unternehmen nichts zur Feier des Tages. Und es gibt auch keinen Kuchen. Ein trostloser Geburtstag, oder? Wie stellst du dir einen perfekten Geburtstag vor? Was würdest du dir wünschen?

3. Vergleiche den Felix von heute mit dem Felix vom Juli, als er begann, in das rote Buch zu schreiben. Fülle eine Tabelle nach dem folgenden Muster aus:

Felix im Juli	Felix im März

4. Was fällt dir bei dem Vergleich auf? Hat Felix sich verändert? Wenn ja, inwiefern? Und was könnte der Grund für diese Veränderung sein?

April

Felix erfährt, dass seine Mutter eine Affäre hat. Seine Familie droht auseinanderzubrechen.

Aufgaben

1. Lies die Fragen und kreuze jeweils die richtige Antwort an. Du erhältst ein Lösungswort.

An einem Freitag im April kommt Felix früher nach Hause. Was bekommt er dadurch mit?
- Er erfährt, dass seine Mutter ein Verhältnis mit einem anderen Mann hat. .... **MU**
- Sein Vater hat endlich eine neue Arbeitsstelle gefunden. .... **MA**

Felix und Marek …
- sind immer noch beste Freunde. .... **SS**
- verstehen sich nicht mehr so gut wie im letzten Jahr. .... **TT**

Als er seine Mutter mit dem anderen Mann erwischt …
- will Felix keine Lügen hören und rennt weg. .... **ER**
- hört er sich erst einmal in Ruhe an, was seine Mutter ihm zu sagen hat. .... **IG**

Was hat Felix auf seinem Lauf durch die Stadt gar nicht vermisst?
- seine Armbanduhr .... **NE**
- seine Orientierung .... **SE**

Auf dem Dach begibt sich Felix in große Gefahr. Warum?
- Er steht mitten in einem Gewitter draußen auf dem Dach. .... **EL**
- Er balanciert auf der Außenkante des Daches. .... **RV**

Als Felix zurück nach Hause kommt, wird er von seinen Eltern erwartet.
Sie kommen ihm vor wie …
- gute alte Bekannte. .... **EL**
- Fremde. .... **EN**

Was unterstellt Felix seiner Mutter in Gedanken?
- Seinen Vater und ihn nie wirklich geliebt zu haben. .... **AB**
- Eine falsche Vorstellung von Moral. .... **AL**

Um der Situation zu Hause zu entgehen, flieht Felix …
- zu seiner Oma. .... **EN**
- auf die Straßen der Stadt. .... **LE**

Unterwegs bekommt Felix mit, wie sein Klassenkamerad Jacob seiner kleinen Schwester versucht zu erklären, dass …
- ihre Mutter jetzt an einem Ort ist, an dem es ihr besser geht. .... **IN**
- sie an einer roten Ampel stehenbleiben muss. .... **ON**

Lösungswort: __

2. Notiere, was in Felix vorgeht, ab dem Zeitpunkt, an dem er seine Mutter und den fremden Mann erwischt. Belege deine Notizen mit Textzitaten.

3. Was erkennt Felix auf dem Dach? **Tipp:** Lies noch einmal S. 86.

Mai

S. 92–94

Nachdem die Affäre der Mutter ans Licht gekommen ist, will Felix' Vater ausziehen – zur Oma, obwohl die beiden sich nicht sonderlich gut verstehen. Doch Felix' Mutter kommt ihm zuvor.

Aufgaben

1. Wie ist die Aussage von Felix' Mutter zu verstehen: „Du ziehst nicht zu Mutter, Heiko." (Block 77, S. 92)? Will sie nicht, dass der Vater ihre Mutter auf seine Seite ziehen könnte? Oder hat sie einfach ein schlechtes Gewissen? Diskutiere mit einem Partner.

2. Felix weicht seiner Mutter aus und ist nicht bereit, mit ihr zu reden. Ist das nicht ebenso eine Flucht wie die Affäre der Mutter? Zwar sagt er, es sei ihm egal, dass er sie noch nie so außer Fassung gesehen habe. Doch ist das glaubhaft? Schließlich war sein Zuhause immer sein Zufluchtsort, der Ort, an dem er gerne von seiner Mutter „betüttelt" wurde, dies sogar liebte (vgl. Block 77, S. 21). Stelle in einem inneren Monolog (siehe Methoden-Box S. 7) dar, welche Gefühle in Felix miteinander kämpfen könnten.

Juni -1-

S. 95–101

Felix erkennt, wie sehr die letzten Monate seinen Vater mitgenommen haben. Beiden scheint die letzte Kraft abhanden gekommen zu sein.

Aufgaben

1. Lies den Anfang des Kapitels (S. 95–97) in der Klasse betont vor. Beachte dazu die Informationen in der Methoden-Box sowie die Lesezeichen und die Variante auf S. 14. Wertet die gehörten Texte auch aus.

Methoden-Box

Betontes Lesen

Lies in Ruhe (noch einmal) das Textstück, das du vorlesen möchtest. Nimm einen Stift und füge Lesezeichen (siehe nächste Seite) in den Text ein. Diese helfen dir beim betonten Vorlesen. Nun liest du den Text vor, während alle anderen nur zuhören.

Lesezeichen:

|	= kurze Pause	↑	= Stimme heben
||	= lange Pause	↓	= Stimme senken
__	= leicht betonen	„ “	= wörtliche Rede
=	= stark betonen	∿∿∿	= schnelles Lesen

Variante: Dynamisches Lesen
Jeder liest einen Satz bzw. Absatz so, wie er es für richtig hält. Das kann bedeuten, dass wichtige Worte wiederholt werden oder der Satz umgestellt wird, um die Bedeutung hervorzuheben. Markiert euch die Änderungen im Text.

Auswertung:
Was ist euch beim Zuhören aufgefallen (z. B. an der Aussprache)? Was findet ihr richtig? Wie hat sich die Geschichte verändert? Gibt es jetzt andere Gedanken, die für euch wichtig sind?

2. In der Schule muss Felix ein Gedicht verfassen. Was meinst du, was er mit seinem Gedicht aussagen will? Schreibe eine Interpretation in dein Heft.

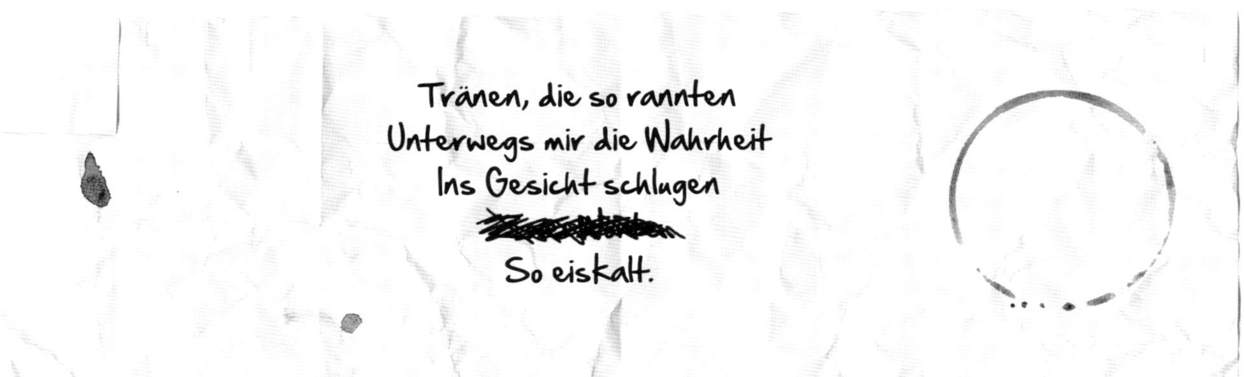

3. Bei dem Gedicht ist kein Thema vorgegeben, es kann frei gewählt werden. Das Gedicht muss sich auch nicht reimen. Es muss aber vier Zeilen haben, die erste und zweite Zeile bestehen aus je vier Wörtern, die dritte aus drei und die letzte Zeile aus zwei Wörtern. Schreibe selbst ein solches Gedicht. Wer mag, kann es in der Klasse vortragen.

4. Die Sommerferien stehen vor der Tür: sechs Wochen lang nichts tun. Für Felix eine Qual, er schreibt, dass er die Sommerferien hasst. Wie ist es bei dir? Freust du dich auf die Ferien? Was unternimmst du in dieser Zeit? Schmiedest du schon lange vorher Pläne? Tausche dich mit einem Partner aus.

5. Ist Felix' Reaktion auf die Sommerferien angesichts seiner Situation verständlich? Was bedeutet die Schule für ihn? Lies dazu auch noch einmal auf S. 88 unten und formuliere fünf Thesen.

Juli

S. 102 – 105

Felix muss die Sommerferien rumkriegen – allein.

Aufgaben

1. In diesem Kapitel betont Felix ein Wort immer wieder: allein. Was denkst du, warum er das tut? Was hat das zu bedeuten – in den Sommerferien, in seinem Leben?

2. Felix schaut sich einen Film über Indianer an und denkt über „die Freiheit" nach. Was ist für dich Freiheit? Mache dir Gedanken dazu und notiere sie. Entwirf und erarbeite eine kreative Arbeit, ein „Kunstwerk" (gemaltes Bild, Collage, Fotos, Skulptur, Gedicht ...), womit eine Vorstellung von Freiheit ausgedrückt wird.

3. Macht in der Klasse eine Ausstellung mit euren Werken.

August

S. 106 – 109

Felix macht sich Gedanken über sein Leben.

Aufgaben

1. Im Suchsel sind 10 Wörter aus dem Kapitel versteckt. Suche sie heraus und schreibe damit einen Text, der Bezug zum Buch hat; er muss aber nicht zwingend von Felix handeln.

H	O	F	F	N	U	N	G	S	L	O	S	K	L	Y
V	E	R	L	I	E	R	E	R	P	W	D	V	J	S
X	Q	Z	B	E	T	R	U	N	K	E	N	U	C	T
A	D	H	R	M	U	X	I	K	Z	A	S	G	H	E
N	V	T	Z	A	J	P	Q	N	F	C	W	J	A	R
G	A	G	K	N	V	E	R	G	E	S	S	E	N	B
S	Z	T	O	D	K	W	S	F	H	Y	B	S	C	E
T	G	X	E	R	I	N	N	E	R	U	N	G	E	N

2. Wie empfindest du dieses Kapitel, besonders den zweiten Teil? Von welchem Gefühl ist es aus Felix' Sicht in erster Linie geprägt?
3. Ist es verständlich, wie Felix sich fühlt? Wie würdest du dich wohl an seiner Stelle fühlen, wenn man keine Chance sieht, etwas zu verändern? Schreibe deine Gedanken auf.

September

S. 110–113

Felix erhält Besuch von seiner Mutter, die sich mit ihm versöhnen will. Doch Felix will nicht reden.

Aufgaben

1. Felix' Mutter möchte wieder eine Beziehung zu ihm aufbauen. Sie will ihn nicht verlieren. Doch Felix lässt kein Gespräch zu und behauptet stattdessen, dass die Mutter ihn schon verloren habe, als sie sich auf die Affäre eingelassen hat. Was denkst du über Felix' Standpunkt? Will er wirklich keinen Kontakt mehr zur Mutter? Oder ist er nur verletzt und will das nicht zeigen? Kannst du auch seine Mutter verstehen?
   Suche dir einen Partner, stellt gemeinsam ein Gespräch zwischen Felix und seiner Mutter nach, in dem beide über ihre Gefühle sprechen und darüber, wie es weitergehen kann.

2. Vergibt Felix eine Chance auf eine Wende in seinem Leben, indem er den Versuch der Mutter zur Versöhnung ablehnt? Was denkst du, wie sein Leben verlaufen könnte, wenn er z. B. mit seiner Mutter zu deren neuem Partner zieht? Und wie wird sein Leben wohl weitergehen, wenn er nichts ändert? Schreibe deine Gedanken dazu in dein Heft.

3. Felix berichtet von dem Selbstmord eines alten Freundes der Mutter. In diesem Zusammenhang steht das Wort „Zer-sprang" (Block 77, S. 112).
   Wie interpretierst du diese Schreibweise, was hat sie wohl zu bedeuten?

   Zer-sprang

4. Im letzten Abschnitt dieses Kapitels schreibt Felix von seinem „jämmerlichen Dasein" (Block 77, S. 113). Lies dir diesen Abschnitt noch einmal durch und beachte auch den letzten Satz des Klappentextes: „Doch er kämpft – für seine Familie und für sich."
   Hat Felix noch die Kraft zu kämpfen? Oder hat er bereits aufgegeben? Notiere einige Stichpunkte hierzu und tausche dich dann mit einem Partner aus. Was könnte eure Erkenntnis für den Verlauf des Buches bedeuten?

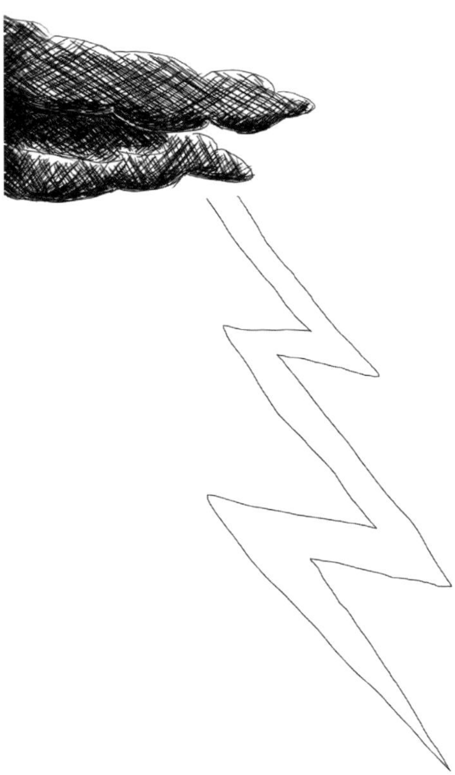

Oktober

S. 114

Herr Schmitz, Felix' Lehrer, spricht mit Felix, doch der hat selbst keine Antwort.

Aufgaben

1. Felix kommt zu der Erkenntnis, dass er sich selbst verloren hat und nicht mehr weiß, wer er ist. Kennst du dieses Gefühl auch?

2. Gestalte eine Ich-Collage, mit der du ausdrückst, wer du bist und was dich ausmacht. Klebe dazu ein Foto von dir auf ein (buntes) Plakat. Suche in Zeitschriften o. Ä. nach Abbildungen, die zu dir passen. Das können zum Beispiel Dinge sein, die dich interessieren, die eins deiner Hobbys darstellen … Klebe sie zu deinem Foto. Du kannst auch ein Thema für deine Collage wählen.

3. Stellt eure Ich-Collagen gemeinsam in der Klasse aus. Wer mag, kann etwas zu seiner Collage erzählen.

November

S. 115–116

Felix findet: „Die Welt ist nicht gut." (Block 77, S. 115)

Aufgaben

1. Felix hat das Gefühl, ein Sturm würde ihn packen und versuchen, ihn auf die Straße zu zerren. Hat diese Aussage nur etwas mit dem Wetter zu tun oder ist sie im übertragenen Sinn gemeint? Wenn ja, was genau will Felix damit ausdrücken? Was geht in ihm vor?

2. In einer Apotheke besorgt Felix sich Schlaftabletten – ohne Rezept. Darf es so leicht sein, an Schlaftabletten zu gelangen? Hat ein Apotheker nicht eine gewisse „Aufsichtspflicht"? Diskutiert in der Klasse über diese Frage.

3. Bevor du das letzte Kapitel liest: Was denkst du, wie es für Felix weitergeht? Beachte hierbei auch noch einmal, was Felix auf S. 113 geschrieben hat. Schreibe einen Tagebucheintrag aus der Sicht von Felix.

Dezember

Di Mi Fr

Ein Gespräch und eine Verabredung mit Victoria führen zu neuem Lebensmut bei Felix. Zu Recht?

Aufgaben

1. Victoria verabredet sich mit Felix auf dem Dach. Für ihn bedeutet das, dass die Welt eventuell doch nicht so schlecht ist, wie er in letzter Zeit gedacht hat: „Ich bin viel zu froh, ich habe mich geirrt, was die Welt angeht. Man braucht keine Tabletten, um sein Glück zu finden. Es gibt auch gute Seiten. Und meine gute Seite sitzt oben auf dem Dach und macht sich Sorgen, dass ich krank werde. Sitzt im eiskalten Wind und wartet auf mich. Sie ist der Grund, warum ich hier bin." (Block 77, S. 122)
   Doch Felix wird ein weiteres Mal enttäuscht. Lies dir die Seiten 117 bis 122 noch einmal durch und markiere die Stellen, die andeuten, dass Victoria nicht an Felix interessiert ist, sondern ein anderes Ziel verfolgt.

2. Felix' Oma stirbt an einer Alkoholvergiftung. Ihr Tod kommt zwar nicht überraschend, aber dennoch ist es ein weiterer Schlag für Felix. Was denkst du, was dieser Verlust für ihn bedeutet?

3. In der Schule wird gefragt: „Was wünscht ihr euch?" (Block 77, S. 125) Enrico, ein Mitschüler von Felix, äußert: „Ich will gewinnen." (Block 77, S. 127) Galt diese Aussage nicht auch einmal für Felix? Was ist aus seinen Träumen geworden?

4. Im Buch gibt es ein Streitgespräch zwischen Jacob und Justin (Block 77, S. 127 ff.). Lies es nochmals und notiere, was von dem Gesagten auf Felix zutrifft bzw. zutraf.

5. Jacobs Wunsch ist es ebenfalls, zu gewinnen: Er will sein Leben zurückgewinnen. Suche Parallelen zwischen Jacob und Felix.

6. „Ich wünsche mir eine Veränderung der Realität." (Block 77, S. 131) Schreibe in einem Tagebucheintrag, welche konkreten Veränderungen Felix sich wohl wünschen würde.

7. Alle Hoffnungen von Felix haben sich aufgelöst. Übrig bleibt die Erkenntnis: „Ich habe nichts mehr." (Block 77, S. 132) Ist das Ende des Buches, der Selbstmord von Felix also die „logische Konsequenz"? Wie hättest du es empfunden, wenn das Buch anders geendet hätte? Diskutiert in Kleingruppen hierüber. Haltet eure Ergebnisse schriftlich fest.

8. Zeichne eine „Zeitleiste" für Felix auf, in die du alle Höhen und Tiefen seiner Geschichte einzeichnest.

9. Wenn du das Buch jetzt noch einmal durchblätterst: Was fällt dir an der Gestaltung auf? Was könnte das bedeuten?

10. Denke einmal an den Einband zurück. Inzwischen kennst du den Inhalt des Buches. Findest du den Einband passend? Wie hättest du ihn gestaltet? Entwirf ein eigenes Titelbild.

11. Welches ist deine Lieblingsszene im Buch? Schreibe sie einmal aus der Sicht einer anderen beteiligten Person auf. Berücksichtige dabei auch deren Gedanken und Gefühle. Lies deine bearbeitete Szene anschließend deinen Klassenkameraden vor. Erkennen sie die Szene wieder? Worin unterscheidet sie sich von der Originalszene?

Kritik schreiben

Du hast das Buch „Block 77" zu Ende gelesen. Schreibe nun eine ausführliche Buchkritik, in der du deine persönliche Meinung über den Text äußerst. Dabei musst du darauf achten, dass deine Argumentation nachvollziehbar und mit Textstellen belegbar ist.

Die folgenden Aspekte können dir eine Hilfestellung geben:

- Hat dich das Buch „gefesselt"?
- Welche Gefühle wurden bei der Lektüre hervorgerufen?
- Ist das Thema des Buches relevant und aktuell?
- Vermittelt die Autorin eine Botschaft? Wenn ja, welche? Wie stehst du zu dieser Botschaft?
- Wie ist die Sprache einzuschätzen?
- Ist die Handlung plausibel?
- Sind die Figuren gut und angemessen dargestellt?
- Macht die Hauptfigur eine Wandlung durch? Verändert sich ihre Einstellung?
- Was ist der Sinn dieses Buches?
- Was ist der Sinn von Literatur allgemein?

Buchtipp

Mit einem Buchtipp kann man andere auf ein gutes Buch aufmerksam machen und es weiterempfehlen. Schreibe für die Parallelklasse einen Buchtipp zu „Block 77", der zum Lesen animieren soll. Es geht um ein „Lustmachen" auf das Lesen dieses Buches. Dein Buchtipp sollte eine kurze Inhaltsangabe enthalten und den „Zugewinn" des Lesers durch die Lektüre dieses Buches hervorheben.

Stellt eure Buchtipps anschließend in der Klasse vor. Wählt dann einen Tipp (oder mehrere Tipps) aus, der (die) wirklich anderen Schülern vorgestellt werden soll (sollen).

Beachte unter anderem auch diese Punkte:

- Warum soll man dieses Buch lesen?
- Ist es sinnvoll, einen solchen Roman in der Schule zu lesen? Gibt es hier evtl. Unterschiede zwischen verschiedenen Bevölkerungsschichten?

Reportage

Aufgabe

Betätige dich als Journalist und schreibe eine Reportage über Felix, sein Leben und seinen Tod. Dein Text sollte mindestens zwei DIN-A4-Seiten umfassen. Interessante Infos zur Reportage findest du in der Methoden-Box unten.

Methoden-Box

Reportage

Bei der Reportage handelt es sich um eine Textsorte, die vorwiegend im journalistischen Bereich zum Einsatz kommt. Es werden Informationen, die sorgfältig recherchiert werden müssen, in anschaulicher Form vermittelt. Dabei darf auch die persönliche Meinung des Schreibers zum Ausdruck gebracht werden. Reportagen werden häufig mit Bildmaterial angereichert. Bekannt sind Reportagen nicht nur in Zeitungen und Zeitschriften, sondern auch als filmische Darstellungsform im Fernsehen.
Es ist sinnvoll, Reportagen ähnlich wie einen Aufsatz aufzubauen, d. h. die klassische Dreiteilung von Einleitung, Hauptteil und Schluss anzuwenden.

Wirkung auf den Leser

Auf jeden von uns / von euch wirkt der Inhalt des Buches bestimmt anders. Doch es ist sinnvoll, dass sich jeder über den Inhalt, die Aussagen, die Bedeutung dieses Buches Gedanken macht. Die folgenden Fragen sollen dir dabei helfen.

Aufgaben

1. Wie wirkt das Buch „Block 77" auf dich?

2. Welche Absichten verfolgt die Autorin wohl mit dem Schreiben dieses Buches? Äußere deine Vermutungen.

3. Wer trägt deiner Meinung Verantwortung für das, was in dem Buch beschrieben wird? Ist jeder Einzelne verantwortlich? Trägt auch die Gesellschaft eine (Mit-)-Schuld? Ist die Politik verantwortlich?

4. Findest du, dass Felix genug gekämpft hat? Oder hat er zu schnell aufgegeben? Kannst du sein Verhalten nachvollziehen?

Erzählperspektiven

Man kann die Perspektive, aus der ein Roman erzählt wird, in verschiedene Kategorien gliedern.

Entscheidungsbaum:

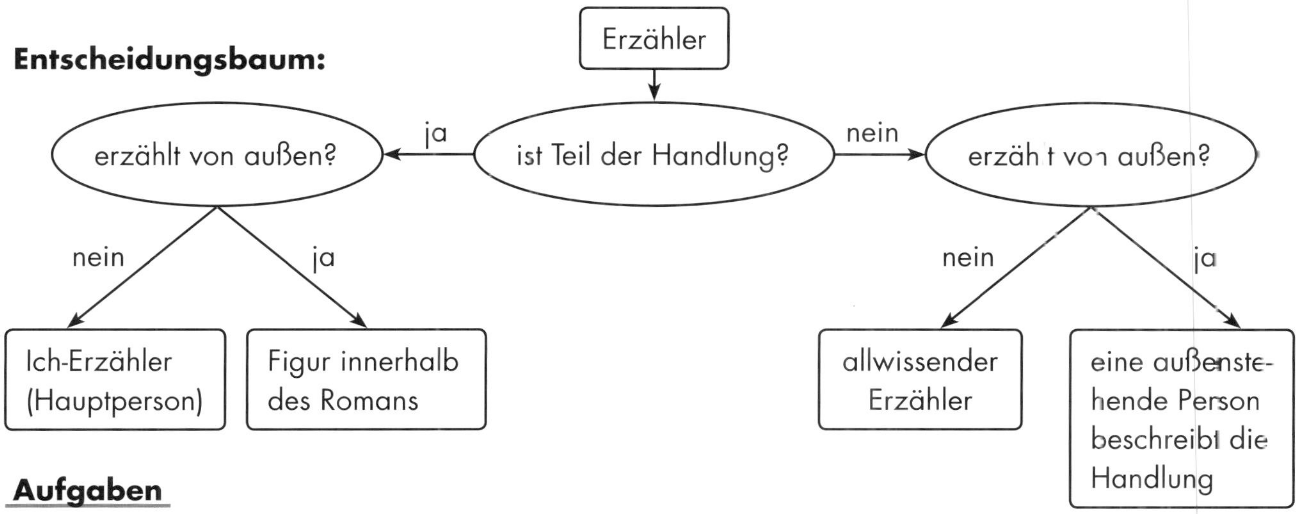

Aufgaben

1. In welcher Erzählperspektive ist das Buch geschrieben?
2. Findest du die Erzählperspektive gut gewählt für den Roman?
3. Suche dir eine Textstelle und schreibe sie in einer anderen Erzählperspektive um.
4. Nenne zu jeder der Erzählperspektiven ein Buch.
5. Suche (z. B. im Internet) nach weiteren Kategorisierungsmöglichkeiten.

Spannungsverlauf

Der Spannungsverlauf (oder Spannungsbogen) beschreibt die Dramatik in einem Roman. Gewöhnlich steigt die Spannung zunächst an, um dann ihren Höhepunkt zu erreichen und wieder etwas abzunehmen. Zum Ende eines Romans kann die Spannung noch einmal ansteigen, bevor sie dann ausklingt.

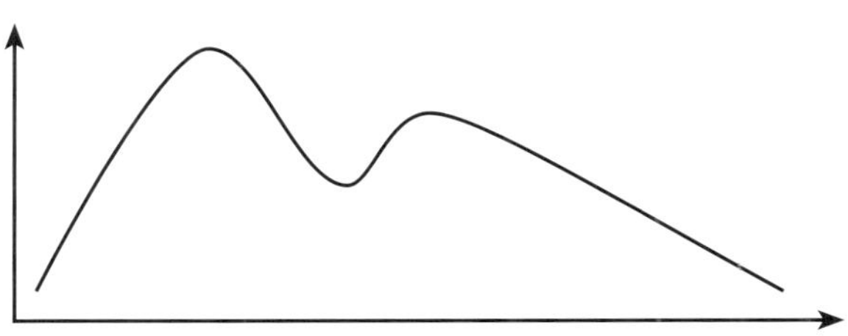

Man kann einen solchen Spannungsbogen in die Bereiche „steigend", „Höhepunkt", „retardierendes (verzögerndes) Moment", „abfallend" und „Schlussteil" unterteilen.

Aufgaben

1. Male einen Spannungsbogen, der zum Verlauf des Buches passt, und unterteile ihn in verschiedene Bereiche. Ist der Spannungsverlauf so wie oben beschrieben?
2. Ordne die einzelnen Monate dem Spannungsbogen zu. Nenne Textstellen, die die Zuordnung belegen.
3. Hat dich der Spannungsverlauf dazu motiviert weiterzulesen?
4. Hättest du aufgrund des Spannungsverlaufs mit dem Ende gerechnet?

Tagebuch schreiben

Felix schreibt Tagebuch, obwohl er selbst es zunächst nicht so bezeichnet (vgl. Block 77, S. 73).

Aufgaben

1. Schreibst du selbst auch Tagebuch? Aus welchen Gründen schreibst du es? Was schreibst du in dein Tagebuch hinein? Dürfen andere Personen (z. B. deine Eltern, Geschwister, beste Freundin / bester Freund …) darin lesen? Begründe deine Antwort.

2. Welche Bedeutung kann das Führen eines Tagebuches für den Schreiber haben? Welche Bedeutung hat es für dich? Und welche Bedeutung hat es vermutlich für Felix?

3. Führt eine Umfrage (in eurer Klasse, eurer Stufe …) durch, wie viele Schülerinnen und Schüler Tagebuch schreiben. Wertet die Ergebnisse aus und stellt sie in der Klasse vor.

4. Eines der berühmtesten Tagebücher ist das „Tagebuch der Anne Frank". Aber auch sonst spielt das Tagebuch in der Literatur eine große Bedeutung. Recherchiert zu diesem Thema und erstellt eine Klassenliste von berühmten Tagebüchern. Sammelt dazu auch Aussagen von Tagebuchschreibern, was ihnen das Tagebuchschreiben bedeutet.

5. Eine andere Form, über sein Leben zu schreiben, ist die (Auto-)Biografie. Erstelle einen Lexikoneintrag, in dem du erläuterst, was eine Biografie bzw. eine Autobiografie ist.

6. Wo liegt der Unterschied zwischen Tagebuch, Biografie und Autobiografie? Erstelle eine Multi-Mind-Map auf der folgenden Grundlage:

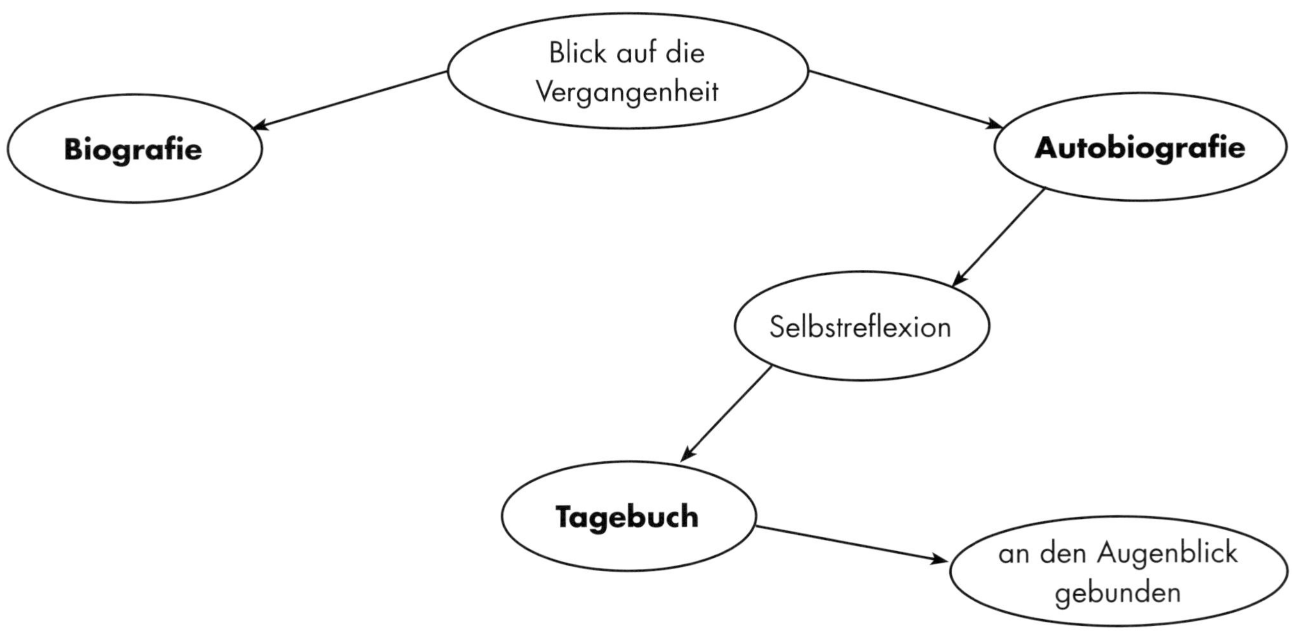

Nomen est omen

Aufgaben

1. Der Name Felix stammt aus dem Lateinischen und bedeutet „der Glückliche“. Ist dieser Name für die Hauptfigur gut gewählt?

2. Suche Szenen aus dem Buch heraus, in denen Felix glücklich ist.

3. Welchen Wandel macht Felix durch? Was bleibt zum Schluss von ihm bzw. „dem Glücklichen“ noch übrig?

4. Lies noch einmal die Überschrift dieses Blattes. Es handelt sich dabei um eine lateinische Redensart, die so viel bedeutet wie „Der Name ist ein Zeichen“. Was verstehst du darunter? Besprich dich mit einem Partner. Tauscht euch auch darüber aus, welche Meinung ihr zu dieser Aussage habt.

5. Was bedeutet dein eigener Name? Informiere dich in Namensbüchern oder im Internet über die Bedeutung und Herkunft deines Namens.

Mein Name: ______________________________

Herkunft meines Namens: ______________________________

Bedeutung meines Namens: ______________________________

Bedeutung meines Namens für mich selbst: ______________________________

____

6. Interessant ist es, sich mit der Geschichte seiner Familie zu beschäftigen. Ahnenforschung nennt man das, wenn man die Herkunft seiner Familie erforscht. In einem sogenannten Stammbaum lässt sich die Familiengeschichte anschaulich darstellen.
Versuche einmal, für dich und deine Familie die Kästen in dem Stammbaum zu füllen.

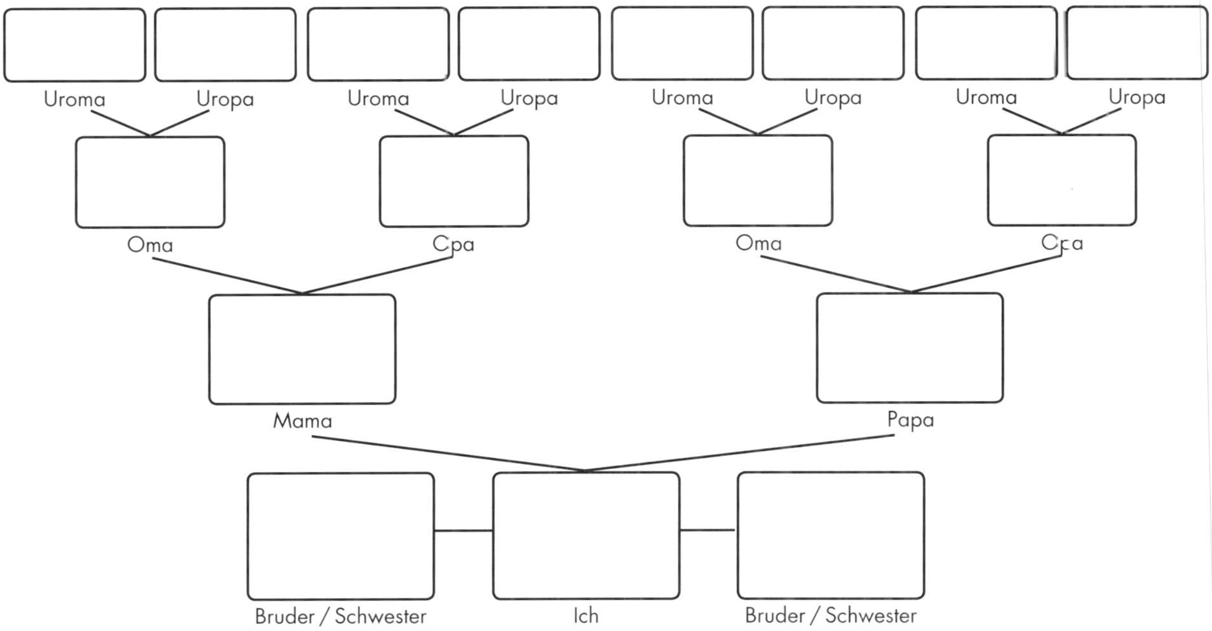

Jugendsprache

Immer wieder hört man von „der“ Jugendsprache. Dabei gibt es nicht die eine einheitliche Jugendsprache. Vielmehr handelt es sich um Äußerungsformen, die sich in einer gruppeninternen Kommunikation herausbilden. Da diese Äußerungsformen immer auf einzelne Gruppen beschränkt sind, nehmen sie unterschiedliche Formen an.

Generell hat Sprache verschiedene Funktionen: Sie ist gesellschaftsbindend, indem sie ein Gemeinschaftsgefühl schafft. Gleichzeitig kann sie aber auch ausgrenzend sein, wenn jemand eine andere Sprache spricht als seine Umgebung. Diese Funktionen gelten auch für Jugendsprachen: Die Jugendlichen möchten sich beispielsweise von den Erwachsenen abgrenzen und sich durch die Sprache mit anderen Mitgliedern ihrer Gruppe identifizieren.

Aufgaben

1. Ebenso wie sich die Sprache an sich immer wieder verändert, so verändert sich auch Jugendsprache.
   Welche Wörter / Redewendungen werden bei dir in der Clique / Klasse … zurzeit häufig verwendet? Erstelle eine *Top Ten* der beliebtesten Begriffe.

2. Stellt eure *Top Ten* in der Klasse vor. Habt ihr Übereinstimmungen? Oder unterscheiden sich eure Listen deutlich voneinander? Bestimmt eure *„Klassen-Top-Ten“*.

3. Unter *www.jugendwort.de* könnt ihr euch über die Jugendwörter des Jahres informieren. Diskutiert in der Klasse über die Begriffe. Sind sie euch geläufig? Was haltet ihr von der Wahl?

4. Felix’ Oma verwendet viele Schimpfwörter. So hat sie beispielsweise ihren verstorbenen Mann als „das naivste Arschloch […], das sie je gefickt hat“ (Block 77, S. 8) bezeichnet. In welchen Situationen spricht sie so? Was könnte der Grund dafür sein?

5. Würdest du auch so reden? Diskutiere mit einem Partner darüber. Überlegt euch auch, wie man sich anders ausdrücken könnte.

„Fischkopf“ „locker flockig“

„Niveaulimbo“

„Swag“ „hartzen“

„Gammelfleischparty“

„ranzen“

„CHILLI MILLI“

„ROFL“

„Tausendpunktler“

Gedicht (Liebe) -1-

Ich liebe mein Leben,
mein Leben liebt mich,
doch die, die ich liebe,
liebt mich leider nicht …

(Block 77, S. 11)

Aufgaben

1. Felix drückt mit diesem Gedicht seine Gefühle für Victoria aus. Neben der Sprache kann man z. B. auch in Bildern oder mit Farben Gefühle ausdrücken. Welche Möglichkeiten gibt es noch?

2. Wie würdest du jemandem deine Liebe gestehen? Das muss nicht unbedingt ein Partner sein, sondern kann beispielsweise auch jemand aus der Familie sein, der einem sehr viel bedeutet. Formuliere deine Gefühle für diese Person in der Form, die dir am liebsten ist.

3. Lies die Info-Box: Gedichtaufbau. Informiere dich (z. B. im Internet) über die Reimstellung, das Reimschema und die verschiedenen Versmaße.

4. Auf der nächsten Seite sind zwei Gedichte zu finden. Lies sie, bestimme das Reimschema und setze dich mit dem jeweiligen Inhalt auseinander.

5. Verfasse selbst ein Gedicht. Greife dabei auf deine Erkenntnisse aus Aufgabe 3 zurück. Stellt eure Gedichte nachher in der Klasse vor. Ihr könnt auch eine Klassensammlung eurer Gedichte erstellen.

Info-Box

Gedichtaufbau

Ein Gedicht besteht aus Versen, die wiederum Strophen bilden. In vielen Gedichten spielt der Reim eine wichtige Rolle. Dabei sind die Reimstellung („An welcher Position im Vers befindet sich der Reim?") und das Reimschema (Paarreim, Kreuzreim, umarmender Reim …) von besonderer Bedeutung. Außerdem ist bei der Gedichtinterpretation auch das Versmaß zu beachten. Damit ist das Vorkommen von betonten und unbetonten Silben im Vers gemeint. Es gibt:

- Jambus } zweisilbige Wörter
- Trochäus }
- Anapäst } dreisilbige Wörter
- Daktylus }

Gedicht (Liebe) -2-

Mignon

Nur wer die Sehnsucht kennt,
Weiß, was ich leide!
Allein und abgetrennt
Von aller Freude,
Seh ich ans Firmament
Nach jener Seite.
Ach, der mich liebt und kennt,
Ist in der Weite.
Es schwindelt mir, es brennt
Mein Eingeweide.
Nur wer die Sehnsucht kennt,
Weiß, was ich leide!

Johann Wolfgang von Goethe

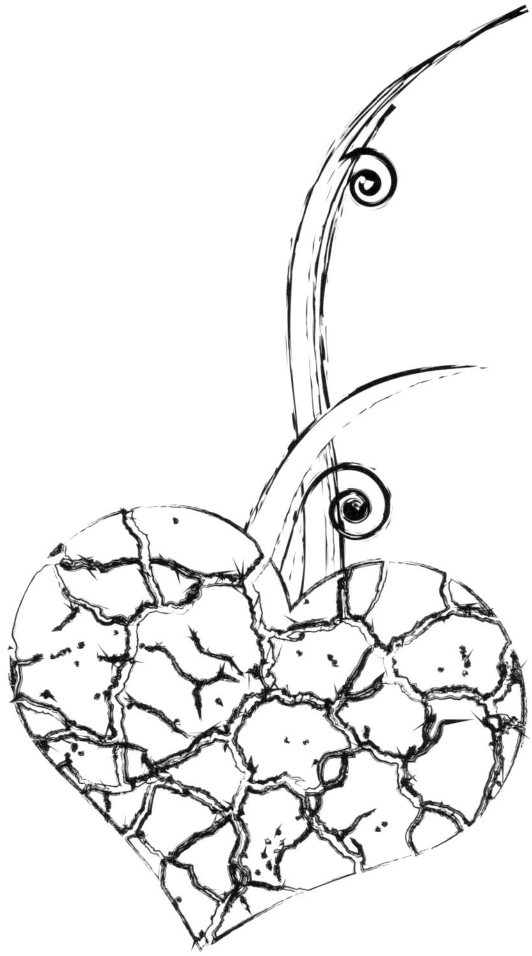

Lore-Ley

Ich weiß nicht was soll es bedeuten,
Daß ich so traurig bin;
Ein Märchen aus alten Zeiten,
Das kommt mir nicht aus dem Sinn.

Die Luft ist kühl und es dunkelt,
Und ruhig fließt der Rhein;
Der Gipfel des Berges funkelt
Im Abendsonnenschein.

Die schönste Jungfrau sitzet
Dort oben wunderbar;
Ihr goldnes Geschmeide blitzet,
Sie kämmt ihr goldenes Haar.

Sie kämmt es mit goldenem Kamme
Und singt ein Lied dabei;
Das hat eine wundersame,
Gewaltige Melodei.

Den Schiffer im kleinen Schiffe
Ergreift es mit wildem Weh;
Er schaut nicht die Felsenriffe,
Er schaut nur hinauf in die Höh.

Ich glaube, die Wellen verschlingen
Am Ende Schiffer und Kahn;
Und das hat mit ihrem Singen
Die Lore-Ley getan.

Heinrich Heine

Das Panorama meines Lebens

Es war einmal ein kleiner Rabe. Er war weder schön, noch auf irgendeine andere Art besonders, sodass er noch keinem aufgefallen war. Keiner wusste, dass es ihn gab, obwohl er nie weit von den anderen Raben entfernt auf den hohen Tannen saß.
Oft saß er die ganze Nacht lang dort und während die anderen Raben bereits in ihren Nestern schliefen, sah er in den Himmel hinauf. Immer war er von Wolken bedeckt, sodass der kleine Rabe sich fragte, was bloß hinter dieser dunklen Decke lag. Er sehnte sich nach dem, was so unsichtbar hinter der Wolkenmauer war. Doch eines Nachts tat sich ein Loch auf. Die Wolkendecke zerriss, die Mauer fiel und ein wunderschönes Bild zeigte sich ihm. Eine Dunkelheit, viel dunkler als die Wälder, in denen der kleine Rabe schon gewesen war, bestückt mit vielen kleinen Edelsteinen. Sie glitzerten im Mondschein und riefen nach dem kleinen Raben.
Und ein letztes Mal blickte er zu den anderen, die ihn nie gesehen hatten. Dann stieß er sich von der Tannenspitze ab und stieg in die Luft, auf den Weg in ein besseres Leben.

Aufgaben

1. Dieser Text stammt auch aus der Feder von Sabrina Schellhoff, der Autorin von „Block 77". Lies ihn gut durch und formuliere anschließend eine schriftliche Interpretation.
2. Siehst du einen Zusammenhang zwischen „Block 77" und dem obigen Text? Besprich dich mit einem Partner und schreibt Stichpunkte auf. Diskutiert anschließend in der Klasse darüber.
3. Der kleine Rabe fällt niemandem auf, er besitzt sozusagen keine Identität. Auch Felix fragt sich: „Wer bin ich denn schon?" (Block 77, S. 108). Dies ist eine der Hauptfragen der menschlichen Existenz. Hast du dir diese Frage auch schon einmal gestellt?
4. Versuche einmal, dein bisheriges Leben zu betrachten. Ziehe dich dazu an einen ruhigen Ort zurück und schließe – wenn du magst – deine Augen. Atme tief und ruhig ein. Gehe nun in Gedanken zurück in die Vergangenheit – soweit du dich erinnern kannst. Lasse die Bilder, Gedanken und Szenen, die dir in den Sinn kommen, auf dich wirken.
   a) Beantworte dann die folgenden Fragen:
      - Wann hast du dich besonders gut gefühlt?
      - Was waren deine schönsten Erlebnisse?
      - Was waren die größten Erfolge?
      - Welche Ereignisse waren unerfreulich?
      - Wann ging es dir besonders schlecht?
      - Wann warst du sehr traurig?
   b) Zeichne anschließend ein Panorama deines Lebens. Nimm dazu ein möglichst langes weißes Papier (z. B. eine alte Tapetenrolle), auf das du die Höhen und Tiefen deines bisherigen Lebens zeichnest. Wenn du möchtest, kannst du auch einen Blick in die Zukunft wagen und das Panorama fortführen.

Die Farbe Rot

Aufgaben

Im Buch kommt häufiger die Farbe Rot vor. So taucht z. B. an mehreren Stellen das Zitat „Rot wie Blut, Blut ist nicht gut" auf.

1. Sammle Textstellen, in denen die Farbe Rot eine Rolle spielt.

2. Warum wurde an diesen Stellen ausgerechnet Rot als Farbe gewählt?

3. Informiere dich über die Bedeutung der Farbe Rot. Wofür steht diese Farbe, welche „Ideen" fallen dir ein, welche Gedanken ruft sie bei dir hervor? In welchen Redewendungen spielt Rot eine Rolle?

4. Welche Bedeutung hat die Farbe in anderen Kulturen?

5. Vielen Farben werden „Wirkungen" nachgesagt. Kennst du Beispiele? Nenne sie! Wie stehst du dazu?

6. Farben können Gefühle ausdrücken. Ordne den nachstehenden Gefühlen Farben zu.

Gefühl:	Wut	Freude	Traurigkeit	Enttäuschung	Verlassenheit
Farbe:					

Info-Box

Die Bedeutung von Farben

Farben haben zu allen Zeiten und bei allen Völkern eine symbolische Bedeutung. Allerdings kann diese Bedeutung sehr unterschiedlich sein. So wird z. B. „Trauer" im Abendland / Europa mit Schwarz und in Japan mit Weiß symbolisiert. In der westlichen Kultur werden den Farben allgemein folgende Bedeutungen zugeordnet:

Rot: Farbe des pulsierenden Blutes: Gefühl, Leidenschaft, Mut, Wut …

Gelb: Farbe der lichtbringenden Sonne: Intuition, Logik, Glauben, Enttäuschung, Kontaktaufnahme …

Grün: Farbe der Gewächse: Freude, Empfindung, Realitätssinn …

Blau: Farbe des klaren Himmels: Denken, Geist, Weisheit, Wahrheit, Treue, Ruhe …

Weiß: Reinheit, Verlassenheit, Kälte, Unfruchtbarkeit …

Schwarz: Trauer, Leid, geheimnisvolle Macht …

Alkohol

Ob Geburtstag, Gartenparty, Fußballspiel … bei vielen Gelegenheiten gibt es Alkohol. Gegen ein Glas Wein oder Bier ab und zu für gesunde Erwachsene ist an sich auch nichts einzuwenden – wenn der Alkohol in Maßen konsumiert wird! Wichtig ist es jedoch, seine Grenzen zu kennen. Denn bei übermäßigem Konsum macht Alkohol krank und abhängig.

Aufgaben

1. Findet euch in Dreiergruppen zusammen und erstellt ein Plakat mit Gründen, warum Alkohol getrunken wird.

2. Habt ihr selbst schon einmal Alkohol getrunken? Was habt ihr dabei für Erfahrungen gemacht? Wie wirkt Alkohol auf euch?

3. Bestimmt habt ihr schon vom sogenannten „Komasaufen" gehört. Sammelt Zeitungsartikel zu diesem Thema und gestaltet mit ihnen eine Plakatwand in eurer Klasse. Ihr könnt auch weitere Informationen zum Thema „Alkohol" hinzufügen.

4. Im Jugendschutzgesetz wird geregelt, ab wann Jugendliche Alkohol kaufen bzw. trinken dürfen. Informiert euch unter *www.bmfsfj.de/BMFSFJ/gesetze,did=5350.html* über die genauen Bestimmungen. Denkt ihr, dass die Regeln immer eingehalten werden? Was könnten die Gründe sein, warum z. B. Verkäufer nicht immer Ausweise kontrollieren, wenn sie Alkohol verkaufen? Diskutiert in der Klasse darüber.

5. Bei Alkohol handelt es sich um ein Suchtmittel, das gesellschaftlich weitgehend akzeptiert ist. Dennoch gibt es auch eine ganze Reihe von Kampagnen, die auf die Gefahr von Alkoholmissbrauch hinweisen.
   So zeigt z. B. die Seite *www.kenn-dein-limit.de/?id=bodymap*, welche Körperregionen wie von zu hohem Alkoholkonsum geschädigt werden können. Informiert euch über solche Kampagnen und stellt eure Ergebnisse in der Klasse vor. Geht dabei auch auf die Frage ein, ob solche Kampagnen Alkoholmissbrauch wirklich verhindern (können).

6. Im Buch ist Felix' Oma alkoholabhängig. Felix glaubt, dass sie den Tod ihres Mannes nicht verkraftet hat und deshalb immer mehr getrunken hat. In Deutschland gibt es viele Tausend Menschen, die alkoholabhängig sind. Informiere dich im Internet über genaue Zahlen, Hilfsmöglichkeiten usw. Versuche auch, mehr über die Gründe für Alkoholmissbrauch herauszufinden. Füge deine Ergebnisse zu einem Kurzvortrag zusammen und halte ihn vor deiner Klasse.

Info-Box

Was ist Alkohol eigentlich?

Im chemischen Sinn handelt es sich bei Alkoholen um eine ganze Stoffklasse. Umgangssprachlich werden Getränke, die Ethanol enthalten, als alkoholische Getränke bezeichnet. Ethanol ist bei Raumtemperatur eine farblose Flüssigkeit, die leicht entzündlich ist. Die chemische Summenformel dieses Stoffes lautet C_2H_6O. Ethanol kann durch die Vergärung von Zucker entstehen, dies ist eine der ältesten bekannten biochemischen Reaktionen.

Alkoholische Getränke entstehen durch alkoholische Gärung, zusätzlicher Destillation oder Alkoholzusatz. Sie werden aus verschiedenen „Stoffen" wie Hopfen, Trauben, Getreide … gewonnen.

Betäubungsmittelgesetz

Der Zugang zu Medikamenten und Drogen wird vom Betäubungsmittelgesetz (BtMG) geregelt. Das Betäubungsmittelgesetz unterscheidet zwischen drei verschiedenen Typen von Substanzen:

- nicht verkehrsfähige Betäubungsmittel
- verkehrsfähige, aber nicht verschreibungsfähige Betäubungsmittel
- verkehrsfähige und verschreibungsfähige Betäubungsmittel

Aufgaben

1. Beschreibe mit eigenen Worten, was die drei Kategorien bedeuten.
2. Zu welcher Kategorie gehören vermutlich die Schlaftabletten, die Felix am Ende des Buches nimmt?
3. Nenne jeweils zwei weitere Stoffe in jeder Kategorie.
4. Im Betäubungsmittelgesetz sind einige Drogen aufgezählt. Wieso, glaubt ihr, stehen Alkohol, Nikotin und auch Koffein nicht darin?
5. Darüber hinaus gibt es noch weitere Beschränkungen zur Verbreitung von Medikamenten. So gibt es z. B. Arzneimittel, die zwar apothekenpflichtig sind, aber nicht unter das Betäubungsmittelgesetz fallen. Warum werden Unterscheidungen gemacht, dass manche Medizinarten frei zugänglich in einer Drogerie erhältlich sind, andere nur in der Apotheke und wieder andere nur auf Rezept eines Arztes?

Soziale Brennpunkte

Felix lebt in einem sozialen Brennpunkt. Bereits im Klappentext steht: „Das Leben in dem sozialen Brennpunkt ist nicht immer leicht …"

Aufgaben

1. Was bedeutet es für Felix, in solch einer Gegend zu leben? Woran ist der soziale Brennpunkt, in dem Felix lebt, zu erkennen? Belege deine Antworten mit Textstellen.
2. Was ist eigentlich ein „sozialer Brennpunkt"? Informiere dich über den Begriff und über die Entstehung solcher Brennpunkte. Besprich dich anschließend mit einem Partner.
3. Umgangssprachlich werden soziale Brennpunkte manchmal auch als „Ghettos" bezeichnet. Was bedeutet dieser Begriff ursprünglich? Berücksichtige auch seine historische Bedeutung.

Arbeitslosigkeit

Im Jahre 2011 lag die Arbeitslosigkeit in Deutschland durchschnittlich bei 7,1% (Quelle: Der neue Fischer Weltalmanach 2013), somit waren weniger als drei Millionen Menschen arbeitslos. 2010 lag der Jahresdurchschnitt noch bei 7,7%, die Quote ist also ein wenig gesunken und ist auf dem niedrigsten Stand seit zwanzig Jahren. Dies lag an dem fortgesetzten wirtschaftlichen Aufschwung.

Aufgaben

1. Wie hoch ist die derzeitige Arbeitslosenquote? Auf der Internetseite *www.bpb.de/nachschlagen/zahlen-und-fakten/soziale-situation-in-deutschland/61717/arbeitslosigkeit* findest du viele Informationen zu diesem Thema.

2. Welche Maßnahmen kann man als Arbeitsloser ergreifen, um wieder Arbeit zu finden? Informiere dich auch, welche Rechte und Pflichten man als Arbeitsloser in Deutschland hat. Findet euch in Kleingruppen zusammen und haltet eure Ergebnisse in einem Schaubild fest. Diskutiert am Ende mit der ganzen Klasse und präsentiert die Schaubilder.

3. Zurzeit hört man immer wieder vor allem von der hohen Jugendarbeitslosigkeit in vielen europäischen Staaten und von Protesten dagegen. Informiere dich, was genau damit gemeint ist, warum diese Arbeitslosigkeit getrennt betrachtet wird und in welchen Ländern die Quote besonders hoch ist. Welche Gründe könnte dies haben? Fasse deine Erkenntnisse in einem Referat zusammen, das du abschließend vor der Klasse hältst.

4. Fast niemand kann sicher sein, dass ihm nicht auch einmal das Schicksal „arbeitslos" droht. Woran liegt das? Welche Gründe gibt es für Arbeitslosigkeit? Gibt es Möglichkeiten, sich davor zu schützen?

5. Um eine Arbeits- oder Ausbildungsstelle zu bekommen, ist es wichtig, gute Bewerbungen zu schreiben und sich selbst bestmöglich zu präsentieren. Informiert euch darüber, wie eine gute Bewerbungsmappe aussehen sollte, was sie beinhalten muss etc.

6. Gestaltet einen eigenen Lebenslauf.

7. Präsentiert euch selbst in einem Rollenspiel. Findet euch dazu in Dreiergruppen zusammen. Einer von euch stellt Fragen, einer beantwortet sie und der Dritte beobachtet und führt Protokoll. Spielt es so lange durch, bis jeder einmal in jeder Rolle war. Besprecht abschließend die Protokolle und stellt fest, was gut war und was noch verbessert werden kann.

8. Was ist momentan dein Traumjob? Welche Voraussetzungen (Schulabschluss, Ausbildung / Studium …) sind dafür notwendig? Formuliere deine Erkenntnisse in einer Stellenanzeige.

Hartz 4

Wenn jemand arbeitslos ist und bestimmte Voraussetzungen erfüllt, erhält er Arbeitslosengeld II (umgangssprachlich auch Hartz IV genannt). Es dient in Deutschland zur Grundsicherung für erwerbsfähige Leistungsberechtigte nach dem Zweiten Buch Sozialgesetzbuch (SGB II). Dies bedeutet, dass einem nach dem Verlust der Arbeit vom Staat finanziell geholfen wird.

Aufgaben

1. Im einleitenden Text dieses Gesetzes steht, dass die Grundsicherung nur für Leistungsberechtigte gilt. Recherchiere, welche Kriterien erfüllt sein müssen, damit jemand Arbeitslosengeld II bekommen kann. Was ist, wenn jemand nicht leistungsberechtigt ist?
2. Findet ihr es gut, dass der Staat – und damit die Gesellschaft – diejenigen finanziell unterstützt, die keine Arbeit haben? Diskutiert in Kleingruppen, erstellt eine Pro- / Kontra-Liste und stellt sie euren Mitschülern vor.
3. Die Regelsätze für Erwachsene und Kinder sind unterschiedlich. Woran, glaubt ihr, liegt dies? Benötigt ein Kind weniger Geld als ein Erwachsener? Sammelt eure Argumente an der Tafel.
4. Was glaubt ihr, dass ihr eure Eltern „kostet"? Bittet eure Eltern, mit euch für zwei Wochen ein Haushaltstagebuch zu führen. In dieses schreibt ihr gemeinsam auf, wie viel und für was ihr Geld ausgegeben habt. Schätzt vorher, wie viel Geld ausgegeben wird und vergleicht dann.
5. In den unten stehenden Tabellen siehst du die Regelsätze, wie viel Geld Personen in einem Haushalt, der Arbeitslosengeld II bezieht, zusteht. Die Berechnung der einzelnen Regelsätze wird aus dem Bedarf für unterschiedliche Kategorien berechnet. Ein Auszug aus dem Einzelbedarf ist in der zweiten Tabelle dargestellt.
   Seid ihr in eurem Haushaltstagebuch auf ähnliche Zahlen gekommen? Wo gab es die größten Abweichungen? Für was habt ihr sonst noch Geld ausgegeben? Bildet einen Kategorienbaum (siehe unten) und vergleicht eure Zahlen in der Klasse.

Tabelle 1: Regelsätze

Bedarf	**Regelsatz**
Volljährige	382 €
Kinder von 0 bis 5 Jahren	224 €
Kinder von 6 bis 13 Jahren	255 €
Kinder von 14 bis 17 Jahren	289 €

Tabelle 2: Auszug aus dem Regelbedarfs-Ermittlungsgesetz für Kinder (ab 2013)

Bedarf für	**0–5 Jahre**	**6–13 Jahre**	**14–17 Jahre**
Nahrungsmittel, alkoholfreie Getränke	83,24 €	102,46 €	130,99 €
Bekleidung und Schuhe	33,00 €	35,36 €	39,30 €
Nachrichtenübermittlung	16,67 €	16,29 €	16,68 €
Freizeit, Unterhaltung, Kultur	38,01 €	43,85 €	33,18 €

Kategorienbaum:

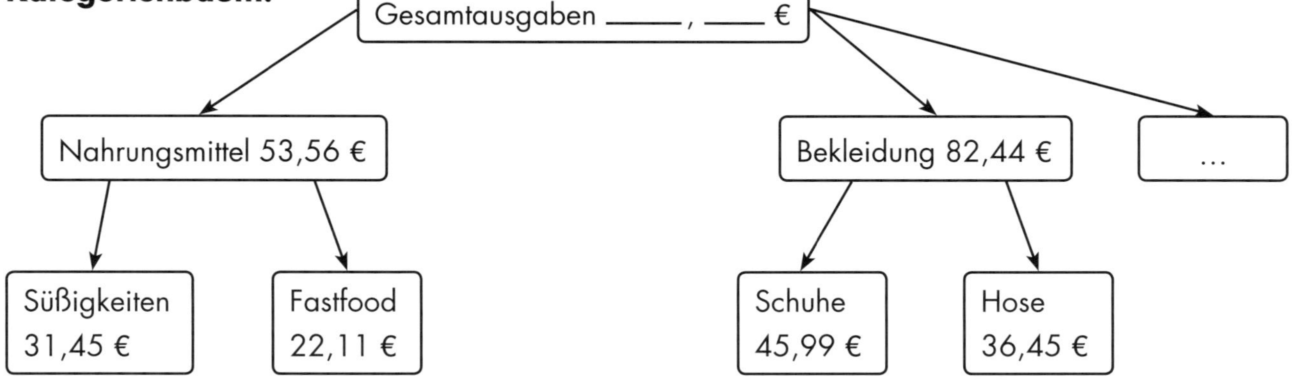

BVK LP106 • Ilka Bonten: Literaturprojekt zu „Block 77"

Gewalt

Im Laufe des Buches kommt Mareks Gewaltbereitschaft ans Licht. Außerdem wird Felix Opfer von Gewalt.

Aufgaben

1. Erstelle eine Mind Map zum Thema „Gewalt". Notiere alles, was dir zu diesem Thema einfällt. Was für Arten von Gewalt gibt es zum Beispiel? Besprecht eure Mind Maps anschließend in der Klasse und ordnet eure Ergebnisse.
2. Wo liegt der Unterschied zwischen Gewalt und Aggression? Erstellt in der Klasse zwei passende Wörterbucheinträge.
3. Eine Theorie zu Gewalt geht davon aus, dass Frustration zu Aggression führt. Wann bist du frustriert? Bist du bei Frust auch schon einmal aggressiv geworden? Schreibe einen Bericht dazu.
4. Kennt ihr Theorien über Gewalt? Stellt eine Liste auf und verteilt die einzelnen Theorien auf Kleingruppen. Befasst euch mit eurer Gruppentheorie und überlegt euch eine angemessene Präsentationsform.
5. Eine aktuelle Studie besagt, dass die meisten Insassen von Jugendgefängnissen schon einmal Opfer von Gewalt geworden sind oder aber selbst zum Täter wurden. Warum ist das Gewaltpotenzial in solchen Einrichtungen so hoch? Überlege dir mindestens fünf Thesen.
6. Befasst euch mit Statistiken zum Thema „Gewalt" (z. B. Gewalt an Schulen). Sammelt eure Ergebnisse und präsentiert sie anschaulich auf Plakaten, die ihr in der Klasse aushängt. Nutzt dafür Säulen-, Balken- und Tortendiagramme. Welche Diagrammform bietet sich noch an?
7. Hast du selbst schon Erfahrungen mit Gewalt gemacht? Berichte davon in einem Klassengespräch.
8. In dem Lied „Schunder-Song" von den Ärzten geht es um das Thema „Gewalt" und wie aus Opfern Täter werden. Suche dir den Liedtext heraus und interpretiere ihn.
9. Eine Form von Gewalt, die häufig auch an Schulen vorkommt, ist „Mobbing". Befasst euch einmal genauer mit diesem Thema. Behandelt dabei die folgenden Aspekte:
   - Was glaubt ihr, warum Personen zu Mobbingopfern werden?
   - Wie geht es ihnen dabei?
   - Und was fühlen die Mobber?
   - Warum mobben sie?
   - Was sind Maßnahmen gegen Mobbing?

10. Nenne Folgen (auch psychische) von Gewalt.
11. In welcher Form müsste mit dem Opfer von Gewalt umgegangen werden? Welche Hilfe gibt es / ist denkbar?

Suizid

Felix hat am Ende des Buches keine Hoffnung mehr und bringt sich selbst um. So wie ihm ging es im Jahr 2011 mehr als 10 000 Menschen. Zusätzlich gibt es noch eine hohe Dunkelziffer.

Aufgaben

1. In der Wissenschaft wird der Begriff „Suizid" bevorzugt. Tatsächlich gibt es bei der Begrifflichkeit einige Kontroversen. Welche anderen Begriffe sind euch bekannt? Erkundigt euch über die verschiedenen Standpunkte zu den einzelnen Begriffen.

2. Häufig kommt ein Suizid für Außenstehende überraschend. Auch bei Felix hat niemand gemerkt, wie schlecht es ihm geht. Doch oftmals gibt es Anzeichen – wenn sie auch kaum zu bemerken sind. Was können solche Anzeichen sein? Berate dich mit einem Partner und notiert eure Gedanken.

3. Bei Suizidgefahr gilt es, sehr genau aufzupassen und erste Signale wahr- und vor allem ernstzunehmen sowie vorbeugende Maßnahmen zu ergreifen. Wenn man selbst nicht weiß, wie man sich verhalten soll, ist es wichtig, sich Hilfe zu holen! Dazu kann man sich an Vertraute, wie die Eltern oder auch Lehrer, oder an professionelle Beratungsstellen wenden. Für solche Fälle gibt es beispielsweise die Telefonseelsorge, die bundesweit rund um die Uhr unter 0800 / 111 0 111 oder 0800 / 111 0 222 erreichbar ist. Informiert euch im Internet über weitere Anlaufstellen, bei denen man Hilfe bekommen kann. Sammelt sie in der Klasse und erstellt eine Liste, die ihr in der Klasse aushängt.

4. Felix beschreibt kurz vor seinem Tod, wie einsam er sich fühlt: Seine Oma ist tot, Vater und Mutter hat er schon länger nicht mehr gesehen. Er denkt, dass er seinen Eltern egal ist. Doch was meint ihr, wie sie sich fühlen werden? Schreibt einen Brief aus ihrer Sicht an ihren toten Sohn, in dem sie ihre Gefühle beschreiben.

5. Die Erkrankung „Depression" kann dazu führen, dass ein Suizidversuch unternommen wird. Erkundige dich über die Auslöser der Krankheit und erstelle ein Kurzreferat.

6. Als Vorbeugung und Therapiemaßnahme gegen Depressionen sowie nach einem Suizidversuch ist oftmals eine Therapie notwendig – sei es für denjenigen, der versucht hat, sich umzubringen, aber nicht gestorben ist, oder für die Hinterbliebenen, die von Schuldgefühlen und Trauer gequält werden. Für eine solche Therapie sind meistens sowohl Psychologen als auch Psychiater notwendig. Wo sind die Unterschiede zwischen diesen beiden Berufen? Welchen Teil / welche Therapieform übernimmt der Psychiater, welchen der Psychologe? Erstelle dazu eine Tabelle, in der du auch die jeweiligen Tätigkeitsfelder notierst.

Ureinwohner Australiens

„Ein paar Aborigines sind noch die freiesten von allen. Jetzt, heute, meine ich. Sie haben sich ihre Freiheit wenigstens noch ein wenig erhalten können. Oder zumindest ihre Illusion davon. Außerhalb der Mauern." (Block 77, S. 104)

Aufgaben

1. Was für ein Bild hat Felix von den Aborigines? Ist es ein realistisches Bild oder eher ein verklärtes?

2. Lies die Info-Box unten. Informiere dich im Internet noch ausführlicher über Australien und die Ureinwohner dort – speziell auch darüber, wie das Leben der Aborigines heutzutage aussieht.

3. Hast du schon einmal von dem Ausdruck „Gestohlene Generationen" gehört? Informiere dich darüber, was es damit auf sich hat. Wie passt dies zu dem Bild von Freiheit, das Felix hat?

4. Erstellt eine Wandzeitung für eure Klasse zum Thema „Aborigines". Berücksichtigt dafür alle Informationen, die ihr bei eurer Recherche gefunden habt.

Info-Box

Aborigines

Zu den Ureinwohnern Australiens gehören in erster Linie die Aborigines und die Torres-Strait-Islanders. Sie machen etwa 2 % der Bevölkerung aus.
Die Aborigines sind kein einheitliches Volk, sie bestehen vielmehr aus vielen verschiedenen Stämmen. Schon lange vor der Ankunft der ersten Siedler bewohnten sie Australien, wurden dann aber von diesen um ihre Rechte am Land gebracht. In Folge dessen gab es zahlreiche (gewaltsame) Auseinandersetzungen, wodurch die Anzahl der Aborigines stark verringert wurde.

Viele Aborigines haben inzwischen ihre traditionelle Lebensweise aufgegeben und sich an die Weißen angepasst. Sie leben ebenfalls in Städten und gehen dort „normaler" Arbeit nach. Allerdings kam es in vielen Fällen nicht freiwillig dazu. Vielmehr betrieben die Behörden in Australien über viele Jahrzehnte hinweg eine Assimilations-Politik (Anpassung der Aborigines an die australische Gesellschaft), mit der sie den Aborigines ihre Eigenständigkeit nehmen wollten.
Die Traditionen der Aborigines sind heute am ehesten noch im Northern Territory erhalten. Hier leben sie in vielen Orten noch unter sich und sprechen indigene (einheimische) Sprachen.

Lösungen

zu S. 4, „Juli":

1. • Felix: schreibt eigentlich nie, wohnt in Block 77, 15 Jahre, Oma hat ein Trinkproblem, Opa mit 44 Jahren an Krebs gestorben, Mutter arbeitslos, Vater putzt im Supermarkt, gute Noten, will mal Autos entwerfen oder Lehrer werden, verliebt in Victoria
   • **Felix, Oma,** Opa, **Mutter, Vater, Victoria,** Nachbar

zu S. 5, „August":

4. Justin: Drogen; Jacob: Mutter liegt im Sterben, Schwester (19) ist Prostituierte; Marvin: fast 18, zwei Mal sitzen geblieben; Esmeralda: Spanierin, HIV-positiv; Sophia: HIV-positiv; Marek: schweigsam, Felix' einziger Freund; Enrico: Spieler; Victoria: still; Herr Müller: uninteressierter Geschichtslehrer

zu S. 10, „Januar":

1.

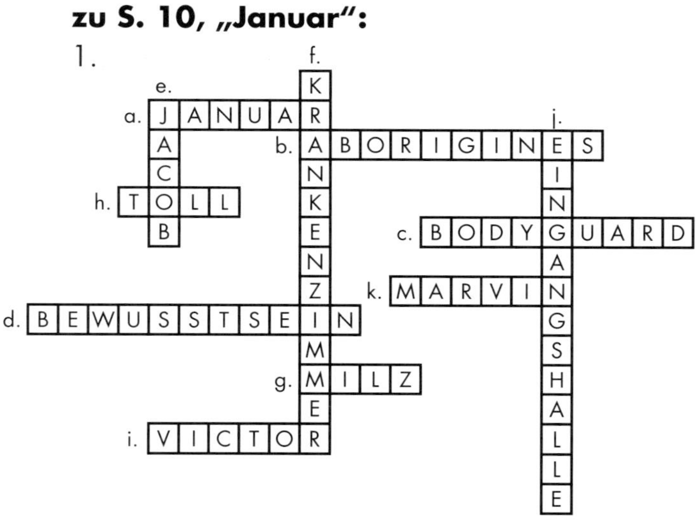

zu S. 12, „April":

Lösungswort: MUTTERSEELENALLEIN

zu S. 15, „August":

H	O	F	F	N	U	N	G	S	L	O	S			
V	E	R	L	I	E	R	E	R						S
			B	E	T	R	U	N	K	E	N		C	T
A				M									H	E
N				A									A	R
G				N	V	E	R	G	E	S	S	E	N	B
S		T	O	D									C	E
T			E	R	I	N	N	E	R	U	N	G	E	N

zu S. 18, „Dezember":

1. S. 117: „Sollen wir Marek auch noch fragen? ..."
   S. 119: „... starrt dann allerdings auf Mareks Hinterkopf, ..."
   S. 121: „Wir warten hier oben. ... Dann hol dir wenigstens einen Schal. ... Lass dir Zeit, Felix!"

zu S. 28, „Die Farbe Rot":

1. S. 8, 11, 32, 42, 83, 138 f.
3. Redewendungen:
   • rot werden
   • rot sehen
   • ein rotes Tuch für jemanden sein
   • jemandem den roten Hahn aufs Dach setzen (veraltet für: jmds. Haus anzünden)
   • rote Zahlen
   • etwas / einen Tag im Kalender rot anstreichen
   • der rote Faden
   • keinen roten Heller
4. China: Glück und Reichtum; Japan: Farbe der Frauen; Russland: wertvoll, teuer